PARTIDA

PARTIDA

Inez Viana

Cobogó

Sumário

Vida na linguagem,
por Marcio Abreu   11

Espelho da vida,
por Inês Peixoto   15

PARTIDA   19

Impressões,
por Denise Stutz   57

O teatro é um lugar muito perigoso,
por Bem Medeiros   61

Vida na linguagem

O primeiro contato que tive com *Partida* foi durante a pandemia, ao vivo, mas virtualmente, numa performance realizada pela atriz-autora e sua parceira de cena e de criação Denise Stutz, ambas profusas artistas de múltiplas cenas.

Mais tarde, já com a abertura dos teatros, pude ver, novamente ao vivo, enfim presencialmente, no Rio de Janeiro, no Teatro Café Pequeno, posições invertidas: público no palco, atrizes na plateia.

Agora, nos últimos dias, convivo com o texto sem a presença dos corpos, das vozes e das imagens das atrizes. Apenas — e isso não é pouco — a surpresa das palavras na tela do computador e a memória do visto, escutado, presenciado e vivido virtual e presencialmente.

No meu desafio de ler *Partida* para escrever este texto — que começo a esboçar aqui enquanto busco em mim vestígios sensíveis impressos na memória —, percebo com muita nitidez que as palavras de Inez Viana têm corpo, som e movimento, e que a peça dentro de um livro pulsa e nos convoca a estar presentes no ato da formulação da linguagem. Nós como cocriadores da experiência narrativa e dramática.

E, de súbito, a percepção de que leio o texto como se estivesse vendo uma peça de teatro e que talvez tenha visto a peça como se estivesse lendo um livro. E é bem provável que esses deslocamentos de posição tenham a potencialidade de despertar conexão, consciência e acesso a campos imaginários produzidos por nós e em nós, individual e coletivamente.

A peça narra e materializa a construção, em tempos múltiplos, da própria peça. A própria linguagem formulando-se a si mesma, como um corpo autônomo habitado por muitos corpos.

As duas atrizes-personagens, supostamente, tentam reconstituir uma carta de ruptura enviada pela mãe de uma delas ao amante mais jovem logo depois de assistir a uma peça de teatro do Grupo Galpão. Esse mote estruturante articula possíveis dados reais com dimensões ficcionais diversas. Um campo aberto de invenção e pertencimento proposto no movimento de imaginarmos juntos, de dentro da linguagem, manifestando nossa presença ali, na língua, nas curvas da memória e do tempo para trás e para a frente, simultaneamente.

Lembro-me do belíssimo *Livro branco* de Copi, o cartunista, dramaturgo e performer argentino. Nele, o traço se desenha. Vemos uma sequência de páginas em branco e, de repente, o traço surge e decide suas curvas, suas formas, seu destino. O desenho se desenha e se apaga. E cria mundos no mundo. "Há muitos mundos no mundo (...) Esse mundo existe neste", como diz Julio Cortázar em uma das "Morellianas" presentes em *O jogo da amarelinha*, vulcão de linguagem eternamente em erupção.

Lembro-me ainda de *O mono gramático*, poema-ensaio do mexicano Octavio Paz, que cria um texto que busca a si mesmo nos movimentos da palavra. E, nessa busca, traz a reflexão de todas as coisas que se constroem e se desconstroem nele e por meio dele.

Partida me emociona por isso, por se inaugurar nela mesma e nos lembrar com humor, inteligência e concretude — traços marcantes da autora — que temos voz, autonomia e transformamos o mundo com cada gesto nosso. Essa é sua dimensão política.

Em meio à pandemia, quando a morte era a questão, *Partida* sugeriu e sugere vida no interior da linguagem, abrindo acesso ao imaginário não apenas como refúgio, mas como território: lugar de criação e de vida.

Marcio Abreu
Artista, dramaturgo, diretor

Espelho da vida

"Esta peça é de uma mulher que assiste a uma peça e resolve escrever uma carta que, no futuro, quando for encontrada, vai inspirar uma peça."

Esse fragmento de texto é dramaturgia em *Partida*, de Inez Viana.

Partida nasce de uma carta escrita por uma mulher de 70 anos, endereçada ao amante, após assistir ao espetáculo *Partido*, do Grupo Galpão, com direção de Cacá Carvalho.

Qual o poder do teatro? Qual o poder das palavras? "Imagino que cada um dos personagens na plateia veja o desenrolar da história em absoluta solidão", diz a mulher na carta. A peça *Partido*, livremente inspirada no romance *O visconde partido ao meio*, de Italo Calvino, foi uma imersão na coletânea chamada Nossos Antepassados, composta também por *O barão nas árvores* e *O cavaleiro inexistente*. Essa experiência, realizada em 1999, foi um encontro visceral com nossas ancestralidades, nossas subjetividades e nossa incompletude diante da vida. Naquela altura, nós, atores do Galpão, estávamos todos com aproximadamente 30 e poucos anos e o Galpão completava 17 anos de existência. Hoje, o Galpão está completando 41 anos de existência, com sede insaciável de experimentar cada vez mais, de encontrar cada vez mais algo que nos complete. "Às vezes, a gente se imagina incompleto e é apenas jovem", diz, no final da peça, o personagem do visconde, vivido pelo ator Paulo André. Talvez, tenhamos uma juventude inesgotável pela necessidade da arte de estar sempre em movimento. Sede de viver e sempre buscar algo que nos complete ou que nos "parta ao meio". Ação.

Em plena pandemia, Inez Viana, atriz brilhante e inquieta, me envia uma mensagem para falar do projeto de montagem e criação de *Partida*, uma reconexão com nossa montagem por meio de uma carta esquecida e encontrada vinte anos depois! Ela precisava de um registro do espetáculo em vídeo. Uma atriz-dramaturga Inez, uma bailarina-atriz Denise, uma atriz-diretora Débora, unidas num projeto de cena. Uma mãe que partiu, uma história de amor terminada e o teatro... O teatro como provocador de um recomeço. "Pedaços de pessoas se espatifavam contra as paredes do teatro", diz a mãe na carta. Estilhaçados, estávamos diante de uma pandemia. A vontade de unir os fragmentos de possibilidades que se apresentavam para nós, gente de teatro, nos lançou ao risco de buscar experimentos surpreendentes. Como este. Duas artistas na plateia de um teatro vazio, falando de uma mulher que foi afetada profundamente por uma peça feita por um grupo de teatro com uma trajetória de 40 anos. O teatro como possibilidade, como provocação, como a vida que transforma e pulsa. A vida dentro do teatro, o teatro dentro da vida, e tudo dentro de uma plataforma de "*tecnovívio*". Assistimos emocionados à estreia. Elas no Rio e nós em Belo Horizonte. A emoção que conseguia atravessar os caminhos da virtualidade.

O moto-contínuo da arte nos surpreende sempre. O poder da arte de germinar em alguém e brotar transmutada em outra semente. "Na natureza nada se cria, nada se perde, tudo se transforma." Eu diria que essa beleza alquímica expressa por Lavoisier faz parte da essência do teatro. Aqui, ela manifestou-se de forma surpreendente. Foi como um presente, naquele momento de impossibilidade de encontros presenciais, saber que, em algum lugar, algo novo estava acontecendo em conexão tão bonita com nossa história. Uma mulher se moveu após assistir ao Galpão e uma carta estava movendo três mulheres artistas a um processo criativo. Hoje, essa peça já pode ser fruída presencialmente e agora encontra um lugar nas páginas de uma publicação pela Cobogó. Uma história linda de percurso, de transformação, que, com certeza, vai inspirar outras histórias por aí... Viva a arte!

Inês Peixoto
Atriz, diretora e dramaturga

PARTIDA

de Inez Viana

O espetáculo *Partida* foi idealizado por Denise Stutz e escrito em maio de 2021/outubro de 2023, por Inez Viana. A estreia online aconteceu em 4 de junho de 2021 e a estreia presencial, em 3 de setembro de 2021, no Espaço Cultural Municipal Sérgio Porto, Rio de Janeiro.

Idealização
Denise Stutz

Dramaturgia
Inez Viana

Direção
Debora Lamm

Elenco
Denise Stutz e Inez Viana

Iluminação
Ana Luzia Molinari de Simoni

Sonorização
Gui Stutz

Direção de arte
Debora Lamm, Denise Stutz e Inez Viana

Assistente de direção
Junior Dantas

Operação de luz
Daniel Uryon

Técnico de montagem e desmontagem
Juca Baracho e Kelson Santos

Direção de fotografia
Clara Trevia

Captação e edição de som
Raquel Lázaro

Fotografia e Redes sociais
Rodrigo Menezes

Programação visual
André Senna

Técnico de luz
Thiago Carvalho

Técnico de som
Denilson Silva

Produção Espaço Cultural Municipal Sérgio Porto
Aline Mendes e Luiza Rangel

Assessoria de imprensa
Paula Catunda e Catharina Rocha

Audiovisual e Direção de produção
Bem Medeiros

Realização
Eu + Ela Produções Artísticas e Suma Produções

Personagens

Denise
Inez

Existe uma carta,
escrita para o amante dela.
Isso tem vinte anos.
Não, nunca foi enviada.
"Como uma pera se esquece
sonhando numa fruteira"[1]
A filha de quem escreveu a achou, durante a pandemia.
E agora... o que fazer com isso?
É pra fazer alguma coisa?
Uma peça? Mais uma?
Mais uma.

INEZ:
Onze cenas. Uma das atrizes começa a ler o que já escreveram.

DENISE:
Eu posso começar?

---

1. Trecho da letra de "Um gosto de sol", canção de Milton Nascimento e Ronaldo Bastos, *Clube da Esquina*, 1972.

INEZ:
Ah, eu ia... pode.

DENISE:
Cena 1. É noite. Chove, mas não esfria. Duas mulheres se encontram, mais uma vez, simbolicamente na plateia de um teatro imaginário e, aos poucos, criam uma peça a partir de um segredo trazido por uma delas. Juntas, refletem sobre uma questão.

INEZ:
Simbolicamente... por que não na plateia de um teatro? Por que imaginário? O teatro ocupando tantos lugares...

DENISE:
É, você tem razão. Limita, né?

INEZ:
Eu acho.

DENISE:
Deixo, então, "na plateia de um teatro".

INEZ:
E a gente já podia apresentar a questão: a carta.

DENISE:
Será?

INEZ:
Lembrei do livro do Gabo, *Crônica de uma morte anunciada*, que desde a primeira linha sabe-se que o Santiago Nasar vai morrer, mas, mesmo assim, o leitor fica preso à narrativa até o fim.

DENISE:
Pode ser... Juntas, refletem sobre uma carta, escrita pela mãe de uma de nós duas aqui.

INEZ:
Seguindo na leitura: elas estão lado a lado, como se olhassem uma cena. Uma cena?

DENISE:
É, uma peça.

INEZ:
Uma peça... uma peça de teatro que está descrita na carta.

DENISE:
Provavelmente, ela escreveu essa carta logo depois que saiu do teatro.

Pausa.

INEZ:
Esqueci de dizer que essa carta ficou guardada ou escondida por vinte anos...

DENISE:
Está no prólogo.

INEZ:
Então a gente diz o prólogo?

DENISE:
Foi dito.

INEZ:
Ah.

Pausa.

INEZ:
A carta foi escrita pro amante da mãe de uma de nós duas aqui. "Nesta noite, o amante, indiferente, não me estenderá a mão. A meu lado, vejo esculpido num país distante o seu mundo de mármore: frio e belo", escreveu na carta.

Pausa demorada.

DENISE:
A filha que acha... acha a carta vinte anos depois de ela ter sido escrita.

INEZ:
Está no prólogo.

DENISE:
Então a gente diz o prólogo?

INEZ:
Foi dito.

DENISE:
Ah.

Pausa.

INEZ:
Mas não me parece ser uma carta de amor... Traz à tona vários pensamentos sobre a incompletude da existência, sobre a morte... Parece mais uma carta filosófica.

DENISE:
Não, é uma carta de amor, na qual ela põe um ponto final ao conturbado relacionamento.

INEZ:
Onde a filha acha essa carta?

Pausa demorada.

DENISE:
As duas leem a carta, em silêncio.

INEZ:
A peça, que a mãe de uma de nós duas assiste, descrita na carta, foi montada por um grupo de teatro brasileiro.

DENISE:
O Grupo Galpão.

INEZ:
Mas na carta não fala qual cena gerou a epifania, o momento em que caiu a ficha pra ela, pra mãe de uma de nós duas aqui. Só fala que ela estava assistindo à peça e resolveu terminar o relacionamento com o amante. Ela tinha 74 anos. Ele, 44.

DENISE:
De verdade, ela não queria terminar, não. Gostava dele, ainda. Mas precisava mudar, ir além, e viu isso naquele dia, assistindo àquela peça. Ele era 30 anos mais jovem que ela, mas não foi esse o motivo.

INEZ:
Essa é a história de um romance de uma mulher de 74 anos interrompido durante uma peça de teatro.

DENISE:
Partido.

INEZ:
Quê?

DENISE:
A peça. *Partido*. "Preciso contar-lhe por escrito o que não sei dizer pronunciando palavras", escreveu na carta. Ele, o amante, estava ao lado dela, na poltrona de número 11.

INEZ:
Ela não menciona na carta o número da poltrona, não.

DENISE:
Inventei. O 11 traz sorte. Sou *onzentista*.

INEZ:
Jura? Existe isso? Outro dia um amigo me disse que também era *onzentista*, mas achei que fosse brincadeira. Existe mesmo? É uma seita?

DENISE:
Existe. Depois te explico o que é.

INEZ:
Somos narradoras.

DENISE:
Mas ainda quero dançar hoje.

INEZ:
Aqui?

DENISE:
"Representar é uma arte difícil", escreveu na carta.

INEZ:
É assim: como se agora a gente estivesse assistindo à peça.

DENISE:
Eu só vi em vídeo. A Inês Peixoto me enviou um link.

INEZ:
Ah, então a gente podia assistir juntas por esse link.

DENISE:
Mas você não viu a peça ao vivo?

INEZ:
Não vi.

DENISE:
E como escreveu a carta?

Pausa demorada.

INEZ:
A carta já existe, não é?

DENISE:
Desculpe, não era esse o texto. Nenhuma de nós representará a mãe de uma de nós duas aqui. Nenhuma de nós colocará na peça palavras inexistentes da carta. Esta peça é sobre uma mulher que assiste a uma peça de teatro e escreve uma carta.

INEZ:
Cena 2. Começa a peça: "Havia uma guerra contra os turcos!", diz o menino, que faz o narrador, o ator Antonio Edson. Uma luz azulada, fria, cruza o palco, revelando aos poucos a silhueta das atrizes e dos atores, que o preenchem com música e malas. "Nós estamos sempre contando coisas um ao outro: somos narradores", escreveu na carta.

DENISE:
"Entretanto, preciso contar-lhe por escrito o que não sei dizer pronunciando palavras", escreveu na carta.

INEZ:
"Imagino que cada um dos personagens na plateia veja o desenrolar da história em absoluta solidão", escreveu na carta.

DENISE:
Somos narradoras.

Pausa.

DENISE:
Eu li o livro.

INEZ:
Livro?

DENISE:
O que inspirou a peça.

INEZ:
Ah, o do Calvino.

DENISE:
O visconde partido ao meio. "Queria sobretudo escrever uma história divertida para divertir a mim mesmo, e possivelmente para divertir os outros; tinha essa imagem de um homem cortado em dois e pensei que o tema do homem cortado em dois, do homem partido ao meio, fosse um tema significativo, tivesse um significado contemporâneo: todos nos sentimos de algum modo incompletos", escreveu o autor na apresentação do livro.

Pausa demorada.

INEZ:
Em que ano ela viu a peça?

DENISE:
1999.

INEZ:
FHC inicia seu segundo mandato... blecaute em dez estados brasileiros... crise do apagão... *Central do Brasil* vence o Globo de Ouro na categoria de melhor filme estrangeiro.

DENISE:
Sobre uma escrevedora de cartas...

INEZ:
Pois é.

DENISE:
Fernanda Montenegro foi a primeira atriz latino-americana a ser indicada ao Oscar. Quem ganhou?

INEZ:
Nem me lembro...

DENISE:
Mas eu lembro que a Glenn Close disse que deveria ter sido ela, a Fernandona.

INEZ:
Óbvio! João do Pulo, o lendário saltador, se encantou.

DENISE:
Morreu?

INEZ:
E a dra. Nise da Silveira também.

DENISE:
Teve mais: João Cabral de Melo Neto, Dias Gomes, Zezé Macedo, Plínio Marcos...

INEZ:
Parece 2023: Léa Garcia, Zé Celso, Aracy Balabanian...

DENISE:
Aderbal Freire-Filho, Rita Lee...

INEZ:
Danilo Miranda, Nego Bispo, minha mãe...

DENISE:
E em 99 estreou a novela *Terra Nostra*. Eu vi toda.

INEZ:
Por quê, gente?

DENISE:
Sei lá... Estava deprimida na época. E eu queria aprender italiano.

INEZ:
Ah, a novela ensinava a falar italiano?

DENISE:
Não, mas tinha o sotaque. Eu estava desempregada...

INEZ:
Não vi... não vi. A música mais tocada no Brasil naquele ano foi interpretada por Caetano Veloso.

DENISE:
Qual era a música?

INEZ:
O Google não disse. Havia muitas crenças sobre o fim do mundo... lembra que ele ia acabar no ano 2000? Ah! Teve sexo na Casa Branca.

DENISE:
E o sequestro do ônibus 174.

INEZ:
E eu queria acrescentar isto aqui: em 1999 foi instaurado o inquérito civil público da Comissão de Familiares de Mortos e Desaparecidos Políticos, por causa da extrema demora para a identificação das ossadas da vala clandestina de Perus.

DENISE:
Ela teve um filho que desapareceu na ditadura militar.

INEZ:
Teve, ela fala dele na carta.

Pausa demorada.

DENISE:
Na batalha, uma bala de canhão atravessa o visconde Medardo de Terralba e ele é dividido ao meio. Volta à sua cidade. O pai e a mãe ficam felizes, mesmo ele estando desfigurado. Mas ele mudou. Malvado, não poupa ninguém.

INEZ:
Essa cena é linda... triste... O pai, representado pelo ator e um dos fundadores do Grupo Galpão, Eduardo Moreira, abre uma mala cheia de pássaros de papel e presenteia o filho com o seu preferido, mas o visconde, em sua nova personalidade, tenta dividi-lo ao meio e acaba matando o bichinho.

DENISE:
O pai fica tão desgostoso que também acaba morrendo. Agora tem um monte de malas espalhadas pelo palco.

INEZ:
É o cemitério. Por lá, passeiam o doutor que gosta de caçar fogos-fátuos e o menino, o narrador da história, que, aliás, é sobrinho do visconde... De repente, o próprio visconde aparece e diz que vai matar mais uns vinte, para que o doutor possa continuar a brincadeira de caçar fogos-fátuos. Pesado... Eu tenho dúvidas sobre essa cena. Se o público não conhecer a história, não vai entender essa parte... Vou tirar.

DENISE:
Acho que você não devia tirar, não. Mesmo quem não leu o livro nem viu a peça pode imaginar os fogos-fátuos, o cemitério, a crueldade do visconde...

Pausa.

INEZ:
Vou tirar.

DENISE:
O visconde segue com suas malvadezas. Faz truques com fogo e a mãe sofre queimaduras. Ele diz que ela está com lepra e a manda pra —

INEZ:
Travou?

DENISE:
aldeia dos lepro—

INEZ:
Voltou? Travou de novo. Muita chuva...

Pausa.

INEZ:
Bom, o visconde mente e diz que a mãe está com lepra e a manda pra aldeia dos leprosos, que...

DENISE:
—prosos e ela vai pra lá!

INEZ:
Voltou, ufa!

DENISE:
Vamos dar uma pausa na peça?

Pausa.

DENISE:
Será que ela já entrou no teatro pensando no fim? Sobre o que será que eles conversaram antes, indo pra lá? Encontraram com alguém? Tomaram alguma coisa no café do teatro?

INEZ:
Um vinho...

DENISE:
Será que ele se esquivou de um beijo que ela tentou dar? Ela era apaixonada por ele.

Pausa.

INEZ:
Cena 3. "Na noite da ida ao teatro, houve a continuação do encontro diverso num cenário adverso", escreveu na carta.

DENISE:
Ela era apaixonada por ele...

Pausa.

INEZ:
Vamos ver mais um pouco? Se ficar tarde, a gente termina amanhã. Deixa eu trocar aqui, estou com uma cara péssima. [*coloca algum adereço, como se fosse um filtro*]

DENISE:
Esse é engraçado. Será que eu tenho algum parecido?

INEZ:
Ah, esse lembra, é ótimo! E esse outro?

DENISE:
Tenho dele em azul. Rejuvenesce, né?

INEZ:
Total! Fiquei superjovem.

DENISE:
Certo, vamos ver mais um pouco. Não pode esquecer de colocar a dança na peça.

INEZ:
Vou colocar sim, mais pro final.

Pausa.

DENISE:
Seguindo: o Kit Kat começou a ser produzido no Brasil. George Bush ganha as eleições americanas. Putin é eleito primeiro ministro da Rússia.

INEZ:
Los Hermanos lançou o hit "Anna Júlia".

DENISE:
Cher lançou "Believe".

INEZ:
Como é mesmo?

DENISE:
"*Do you believe in life after love...*"

INEZ:
"*Do you believe in life after love.*" E Ricky Martin lança "Livin' la vida loca".

Mostra pra ela um trecho do vídeo do seu celular. Tiram os "filtros".

Pausa demorada.

DENISE:
Cena 4. Tapadeiras cruzam o palco, manipuladas pelos próprios atores. O menino passeia por elas e segue lendo o livro, contando

a história. Aparece o visconde: "Você está vendo, menino? Que se pudesse partir ao meio toda coisa inteira, que todos pudessem sair de sua obtusa e ignorante inteireza..." — me pergunto se ela já não se sente partida ali — "a sala de um teatro é um lugar muito perigoso. Juntam-se pessoas, energias diferentes fluem soltas...", escreveu na carta.

INEZ:
Passada de tempo. Atrizes brincam no palco. "De súbito, tal qual uma lâmina enfiada nas entranhas, fina e longa, surge a dor da memória do filho desaparecido, partido. Onde, quando e por qual razão?", escreveu na carta.

DENISE:
O visconde reaparece atrás de uma tapadeira, e Pamela, a pastora de cabras, cai por cima das malas, que representam as pedras. "Eu decidi me apaixonar por você", diz ele. Depois, quando escreve a carta pro amante, ela tenta se lembrar da frase dita por Pamela: "Não posso seguir quem está em ruínas, senhor! Vai me estraçalhar, como fez com as margaridas e medusas", mas ela não se lembra.

INEZ:
"Ali, tudo parecia irremediavelmente perdido diante do que ocorria no palco, ou teria sido em nós mesmos?", escreveu na carta. E decidiu ir aos Correios no dia seguinte.

DENISE:
"Cuidado, menina, ele vai te rachar bem ao meio!", então, Pamela se recusa a ir com o visconde.

INEZ:
Cena 5. Era domingo. Estava ensolarado, mas ventava um pouco. A mãe de uma de nós duas aqui tomou um café sem adoçar, engoliu uma aspirina no segundo gole, colocou um vestido de tricoline azul claro, de manga três quartos, com a bainha até os joelhos...

DENISE:
Não, sem manga, o vestido é sem manga. Bainha até os joelhos e pregas do peito à cintura.

INEZ:
Ela não usava vestido sem manga!

DENISE:
Sempre usou.

INEZ:
Imagina... odiava! Nunca quis mostrar os braços...

DENISE:
Sempre mostrou.

INEZ:
Bom, bateu na porta, levando a carta dentro da bolsa marrom.

DENISE:
Bolsa verde.

INEZ:
Verde? Detestava essa cor. Era uma bolsinha marrom de alça, que usava atravessada.

DENISE:
Bolsa verde que não usava atravessada, ponto.

INEZ:
Saiu com a bolsinha que... Pensava na cena do encontro do visconde com Pamela. "Cada encontro de duas criaturas no mundo é uma dilaceração." E ficava repetindo mentalmente: "Cada encontro de duas criaturas no mundo é uma dilaceração", "Cada encontro de duas criaturas no mundo é uma dilaceração", mas não escreveu essa frase na carta, uma pena.

DENISE:
Encontrou na rua sua amiga Juliana, não... Irene, não... Fabiana.

INEZ:
Fabiana é bom!

DENISE:
Que estava voltando da feira do Bairro da Graça: "Fabiana, assisti a uma peça ontem. Cheguei ao limite. De hoje não passa." Fala pra eu ouvir?

INEZ:
"Fabiana, assisti a uma peça ontem. Cheguei ao limite. De hoje não passa."

DENISE:
"De hoje não passa" está estranho...

INEZ:
É que eu fiz mal! "Assisti a uma peça ontem. Cheguei ao limite. De hoje..."

DENISE:
"Termina logo com isso, boba!", a Fabiana diz.

INEZ:
Eu gosto de "De hoje não passa", cria uma expectativa.

DENISE:
Não é bom, não... Melhor deixar em aberto, sem criar nada.

INEZ:
"Assisti a uma peça ontem. Cheguei ao limite."

DENISE:
"Termina logo com isso, boba!", e Fabiana dá uma tangerina pra ela.

INEZ:
Ah, isso é bom! Tem uma ação... [*ouve*] desculpe. [*para fora*] Oi! [*tempo*] Nada não, pode seguir.

DENISE:
Tem uma ação e um gesto preciso.

INEZ:
Pois é. [*ouve*] Desculpe. [*para fora*] Tudo bem aí? A gente tá escrevendo uma peça. [*tempo*] Vamos seguir.

DENISE:
Acho que fica melhor assim...

INEZ:

Com certeza... [*ouve*] Parou. [*para fora, gritando*] Impossível, gente! O que está acontecendo? A gente está trabalhando... [*recebe um copo d'água na cara*] Que é isso?

Sai de cena.

Pausa demorada.

DENISE:

Incompletude... substantivo feminino... engarrafar fogos-fátuos... fosforescência... Vocês estão bem?

INEZ:

[*voltando*] Desculpe. Vamos seguir.

DENISE:

Está tudo bem?

INEZ:

Acho que sim.

DENISE:

Cena 6. "Imagino que cada um dos personagens na plateia veja o desenrolar da história em absoluta solidão", escreveu na carta.

INEZ:

Não, melhor a gente não seguir. Não estou conseguindo.

DENISE:

Mas a gente tem que continuar, tem que avançar...

INEZ:
Cheguei ao limite. Não estou vendo sentido.

DENISE:
Mas está sem sentido mesmo... uma peleja sem fim.

INEZ:
Como continuar?

DENISE:
Temos que continuar. Respira, toma uma água, muda o filtro, abre um vinho... sei lá. Mas faz alguma coisa. Parar agora é que não dá.

Pausa.

INEZ:
Ela continua.

DENISE:
Cena 7. No dia seguinte, no mesmo horário, se encontram.

INEZ:
"Quer Chiclets, Fabiana? Quer ler a carta antes d'eu enviar?"

DENISE:
"Não pras duas coisas. Se tem certeza, envia, boba."

INEZ:
"Tenho. Preciso partir. E essa ideia me assusta! É tão terrível quanto a morte", escreveu na carta.

DENISE:
"Depois me conta, hein?"

INEZ:
"Ahã." Não seguiu. Deu meia-volta, e cada mascada no Chiclets a fazia pensar no quanto era apaixonada pelo amante. Entrou em casa, tirou a carta da bolsinha... e a colocou na fruteira. Nunca mais viu Fabiana. Ah, tirei Fabiana da peça.

DENISE:
Cena 8. Pamela recusa o sapato e a luva que o visconde dá pra ela.

INEZ:
"Cuidado, menina, ele vai te rachar bem ao meio!", alguém diz.

DENISE:
Ele escorrega a mão até sua coxa. Ela morde sua língua. "Não sou sua prisioneira, se me quiser, tem que ser aqui na floresta e não no castelo." Foi nesse momento, tenho certeza! A consciência de que aquele romance, ali, bem na frente dele, estava começando e o dela chegava ao fim.

INEZ:
E se ela, em vez da fruteira, escondesse a carta dentro de um livro e o colocasse na última prateleira da estante?

DENISE:
E se fosse dentro de uma caixa de livros pra doação?

INEZ:
E se dentro de um armário, na cozinha?

DENISE:
E se numa gaveta, debaixo das camisolas dela?

INEZ:
E se escondesse dentro da caixa de War? O jogo de guerra?

DENISE:
Cena 9. O visconde agora ocupa sua outra metade. Vai para o outro extremo. Não para de beijar e mimar o menino: "Estava com tanta saudade...", diz ele. A mãe de uma de nós duas aqui ri, acompanhando a plateia. O amante não entende.

INEZ:
"Pedaços de pessoas espatifavam-se contra as paredes do teatro", escreveu na carta.

DENISE:
"Eu tenho saudades de tudo. Principalmente do que eu não fui", diz a Ama.

INEZ:
Teuda Bara, amo! Atriz extraordinária, também uma das fundadoras do Grupo Galpão. Vocês precisam ler a biografia dela *Comunista demais pra ser chacrete*.

DENISE:
"O senhor é bom demais pro meu gosto", diz Pamela, "não me caso". A mãe de uma de nós duas aqui ri, acompanhando a plateia. O amante não entende. Vamos parar por hoje?

INEZ:
Agora? Por quê?

DENISE:
Não sei, preciso pensar...

INEZ:
O ritmo estava tão bom...

DENISE:
É que está faltando alguma coisa nessa ligação da peça com a carta...

INEZ:
Hum... 1999... foi o ano que eu saí da Cia da Lia Rodrigues e aprendi a andar em pernas de pau com a Ligia Veiga.

DENISE:
Conheci a Ligia Veiga indo pra Colômbia, um ano antes. Em 99 eu fui, pela primeira vez, pro sertão pernambucano, dirigir um documentário sobre o Ariano Suassuna.

INEZ:
E ela, a mulher de 74 anos, estava no teatro, partida, assistindo a uma peça, *Partido*.

DENISE:
Esta peça é de uma mulher que assiste a uma peça e resolve escrever uma carta que, no futuro, quando for encontrada, vai inspirar uma peça.

Pausa demorada.

DENISE:
Na segunda-feira, ela acorda, toma um café sem adoçar, engole uma aspirina no segundo gole, pega a carta em cima da fruteira e parte em direção aos Correios. Ganhou uma senha, esperou. Quando chegou sua vez, apresentou a carta, mas havia esquecido a carteira.

INEZ:
Então, ela voltou pra casa para buscar o dinheiro. Nada ia demovê-la da ideia de enviar aquela carta pro amante. Ela precisava terminar com ele antes de o ano de 1999 acabar. Na virada pro 2000, uma luz muito forte ia explodir e a Terra seria povoada apenas por robôs, computadores e luzes piscantes. Seria um gigantesco bloco Minha Luz é de Led.

DENISE:
Cena 10: Uma garrafa de vinho é aberta pela última vez, antes de a luz do teatro se apagar.

INEZ:
Esta é uma peça sobre duas atrizes que criam juntas uma peça.

DENISE:
E quem sabe esta peça não inspire uma outra peça. Porque é óbvio que ela não enviou essa carta nunca. E o mundo também não acabou em 2000.

INEZ:
Mas a contagem regressiva começou lá, na virada pro 2000. Dizem que são necessários 24 anos pra ele acabar. A não ser que as pessoas comecem a se preocupar com o planeta. Aí ele segue um pouco mais.

DENISE:
"Repenso as profecias do Apocalipse e tenho pesadelos à beira--mar", escreveu na carta.

Pausa.

INEZ:
Agora, na peça, surgem ossos e caveiras espalhados pelo palco. Uma das metades do visconde começa a duelar com a outra metade. Uma querendo destruir a outra. É uma luta insana, porque as metades não conseguem se tocar. Nenhuma delas chega a um acordo.

DENISE:
O visconde, então, vai se despindo, até ficar nu. Agora entende que está inteiro. O menino lhe entrega uma lamparina: "Visconde?"

INEZ:
Meu nome é Paulo André Partido Gomes Batista.

DENISE:
O menino o abraça e ele tem uma crise de choro. Vai saindo. "Senhor, não me deixe aqui sozinho, neste mundo cheio de responsabilidade e fogos-fátuos", diz o menino.

INEZ:
Então, o visconde, agora o ator Paulo André, diz: "Às vezes a gente se imagina incompleto e é apenas jovem." O elenco canta. Cai o pano. Termina a peça.

Pausa.

DENISE:
Cena 11. E a gente aqui, por hoje, termina o nosso encontro.

INEZ:
"Quero que morta me plantem em terra propícia para que com o passar dos anos eu me transforme em fogo-fátuo", escreveu na carta.

DENISE:
Fim.

INEZ:
Ih, esqueci da dança...

DENISE:
Tem que arrumar. Hoje eu quero dançar.

INEZ:
Aqui?

DENISE:
Aqui.

INEZ:
Certo. Mas antes vamos reler tudo?

DENISE:
Vamos.

As luzes vão se apagando, enquanto música "Sozinho" soa, na voz de Caetano Veloso.

FIM

Impressões

Tudo começou com uma chamada pelo celular, que é o que a minha memória recorda. Era uma conversa com Inez sobre outra coisa e Débora escutava. Não me lembro bem sobre o que falávamos e nem sei bem como começou o assunto. Alguém de nós duas, ali, disse que, mexendo nas coisas antigas da mãe, encontrou uma carta escrita por ela, contando do dia em que foi ao teatro assistir a uma peça encenada pelo Grupo Galpão baseada no livro de Italo Calvino, *O visconde partido ao meio*. Uma carta escrita em 1999 e encontrada vinte anos depois.

"Nesta peça, o elenco reproduz a vivência de personagens de uma fábula", escreve a mãe de uma de nós duas ali. Ela, sentada em uma plateia no ano de 1999, foi se partindo ao meio enquanto assistia à peça. "Durante todo o tempo, senti frio, sofri meu isolamento no corpo, desejei ser aquecida, o filho e o amigo nada perceberam, não houve nem um toque de mão, passei a não importar-me com o visconde partido ao meio, eu mesma sabia-me — ah! — tão partida." A mãe, isolada, partida, desencontrada no teatro. A carta, encontrada quase trinta anos depois, inspira um encontro no teatro em um outro tempo, em uma outra peça, que faz da plateia o palco. "O universo é móvel", escreveu na carta, "e no entanto, ali, parecia estático, nada mais aconteceria, pois sumira a abertura mútua, nem sei se por exclusão ou desmembramentos, as radiosas coincidências do encontro entre semelhantes pareciam ter cessado de existir". Ela também observa assustada, surpresa e fascinada que "o real-não existente da peça exacerba os atores sob a regência de um diretor totalmente possuído... trabalho artesanal de todos na construção de cada personagem, mais parecem tecelões recuperando o tecido lavrado pelo escritor, maculado e inovado pelo outro escritor... o diretor determina o tom da peça". Em *Partida*, são a graça e o humor de Debora Lamm que dão o tom do real e existente na nossa peça.

A mãe partida ao meio no teatro descreve o que acontece dentro e fora dela, "assistindo à função, não encontro nenhum personagem com o qual possa identificar-me, todos são parte de um conjunto feérico que me atinge provocando susto, surpresa, fascínio. A emoção verdadeira ficou por conta do que acontecia comigo".

E, em 1999, no fim do século passado, tinha um visconde partido no meio do palco e tinha mulher partida no meio da plateia. Trinta anos depois, tem uma carta encontrada e tem o universo, que é móvel, e tem o tempo, que passa, e tem a radiosa coincidência de um encontro entre semelhantes, porque tem uma outra mulher, de nome Inez Viana, que decide escrever uma peça sobre uma carta que foi um desencontro. Inez recupera o tecido lavrado e inova uma outra escrita. Uma peça inspirada em uma carta encontrada. E é uma carta de amor e é uma carta sobre o teatro e é uma carta sobre o tempo e agora é uma peça escrita, chamada *Partida*, que é sobre tudo isso.

Denise Stutz
Diretora, atriz e bailarina

O teatro é um lugar muito perigoso

Ouvi essas palavras da boca de Denise no dia do primeiro ensaio e levei essas e outras palavras pra casa. Não parava de pensar nas palavras que estavam naquela carta misteriosa e como ela ia virar uma peça de teatro.

Amantes. Fogos-fátuos. Absoluta solidão. Partido. Epifania. Incompletude.

Por que essa carta nunca foi enviada? Essa carta, que era para um amante, no ano de 1999, ia se tornando uma carta-performance naqueles ensaios e as palavras iam ficando na gente. De maneira profunda, impactava cada vez que eram ditas. Ensaios que ainda eram para o videoteatro daquele momento em que a pandemia nos obrigava a repensar as maneiras de se fazer arte e em que cada palavra importava muito. Cada palavra importa muito.

Tinha um caminho a ser feito: uma peça do Grupo Galpão inspira uma carta, que é achada e vira uma ideia de peça de teatro. Os teatros estão fechados, então a carta se torna vídeo, que é, também, teatro ao vivo, mas filmado em um espaço que está fechado para o público, com a plateia vazia. Como uma pessoa que produz muitas ideias, não conseguia ainda entender como esse caminho poderia ser feito.

O que eu consegui vislumbrar é que era um jogo e, nesse jogo arriscado que a Debora propunha, ia se entrelaçando com a equipe aquilo que se torna um vídeo. Depois, a primeira peça a estar no Sérgio Porto depois do início da reabertura dos teatros. As cadeiras vazias do vídeo são preenchidas pelo público, mas não muito preenchidas, com duas cadeiras vazias e uma cadeira preenchida, uma distância possível e um vazio preenchido. A incompletude, falada tantas vezes durante a encenação dirigida pela Debora Lamm com a assistência do Junior Dantas, começa ali a ter sentidos outros. Quando saímos do vídeo e encontramos pessoas ali, ainda espaçadas, mas ávidas por estarem no teatro espaço físico novamente, é que as palavras passam a ter ainda mais sentidos, mesmo que ainda haja espaços incômodos entre elas.

Denise Stutz e Inez Viana nos levaram num processo que reflete as estranhezas da pandemia e também escrevem, ao vivo, uma peça de teatro. Manipulação de luz, som, vídeo e cena. A partir desses encontros todos e dessa ficha técnica na qual trabalhou em um momento extremamente delicado para construir essas palavras que viraram teatro é que Inez traz esse texto que vai ser eternizado pela Cobogó. Agora, mais um recomeço e a certeza de que o teatro nos movimenta também pelas cartas ainda não escritas.

Bem Medeiros
Produtor e pesquisador

CIP-BRASIL. CATALOGAÇÃO NA PUBLICAÇÃO
SINDICATO NACIONAL DOS EDITORES DE LIVROS, RJ

A988k

Viana, Inez, 1965-

Partida / Inez Viana. - 1. ed. - Rio de Janeiro : Cobogó, 2024.

72 p. ; 19 cm. (Dramaturgia)

ISBN 978-65-5691-133-5

1. Teatro brasileiro (Literatura). I. Título. II. Série.

24-87864   CDD: 869.2
           CDU: 82-2(81)

Meri Gleice Rodrigues de Souza - Bibliotecária - CRB-7/6439

© Editora de Livros Cobogó, 2024

Editora-chefe
Isabel Diegues

Editora
Julia Barbosa

Coordenação de produção
Melina Bial

Assistente de produção
Bento Gonzalez

Revisão final
Eduardo Carneiro

Projeto gráfico de miolo e diagramação
Mari Taboada

Capa
Felipe Braga

Fotografias
Patricia Almeida (p. 7)
Rodrigo Menezes (p. 9)

Nenhuma parte desta obra pode ser reproduzida, adaptada, encenada, registrada em imagem e/ou som, ou transmitida de nenhuma forma ou por nenhum meio, sem a permissão expressa e por escrito da Editora Cobogó.

A opinião dos autores deste livro não reflete necessariamente a opinião da Editora Cobogó.

Todos os direitos reservados à
Editora de Livros Cobogó Ltda.
Rua Gen. Dionísio, 53, Humaitá
Rio de Janeiro – RJ – Brasil – 22271-050
www.cobogo.com.br

COLEÇÃO DRAMATURGIA

ALGUÉM ACABA DE MORRER LÁ FORA, de Jô Bilac

NINGUÉM FALOU QUE SERIA FÁCIL, de Felipe Rocha

TRABALHOS DE AMORES QUASE PERDIDOS, de Pedro Brício

NEM UM DIA SE PASSA SEM NOTÍCIAS SUAS, de Daniela Pereira de Carvalho

OS ESTONIANOS, de Julia Spadaccini

PONTO DE FUGA, de Rodrigo Nogueira

POR ELISE, de Grace Passô

MARCHA PARA ZENTURO, de Grace Passô

AMORES SURDOS, de Grace Passô

CONGRESSO INTERNACIONAL DO MEDO, de Grace Passô

IN ON IT | A PRIMEIRA VISTA, de Daniel MacIvor

INCÊNDIOS, de Wajdi Mouawad

CINE MONSTRO, de Daniel MacIvor

CONSELHO DE CLASSE, de Jô Bilac

CARA DE CAVALO, de Pedro Kosovski

GARRAS CURVAS E UM CANTO SEDUTOR, de Daniele Avila Small

OS MAMUTES, de Jô Bilac

INFÂNCIA, TIROS E PLUMAS, de Jô Bilac

NEM MESMO TODO O OCEANO, adaptação de Inez Viana do romance de Alcione Araújo

NÔMADES, de Marcio Abreu e Patrick Pessoa

CARANGUEJO OVERDRIVE, de Pedro Kosovski

BR-TRANS, de Silvero Pereira

KRUM, de Hanoch Levin

MARÉ/PROJETO BRASIL, de Marcio Abreu

AS PALAVRAS E AS COISAS, de Pedro Brício

MATA TEU PAI, de Grace Passô

ÃRRÃ, de Vinicius Calderoni

JANIS, de Diogo Liberano

NÃO NEM NADA, de Vinicius Calderoni

CHORUME, de Vinicius Calderoni

GUANABARA CANIBAL, de Pedro Kosovski

TOM NA FAZENDA, de Michel Marc Bouchard

OS ARQUEÓLOGOS, de Vinicius Calderoni

ESCUTA!, de Francisco Ohana

ROSE, de Cecilia Ripoll

O ENIGMA DO BOM DIA, de Olga Almeida

A ÚLTIMA PEÇA, de Inez Viana

BURAQUINHOS OU O VENTO É INIMIGO DO PICUMÃ, de Jhonny Salaberg

PASSARINHO, de Ana Kutner

INSETOS, de Jô Bilac

A TROPA, de Gustavo Pinheiro

A GARAGEM, de Felipe Haiut

SILÊNCIO.DOC, de Marcelo Varzea

PRETO, de Grace Passô, Marcio Abreu e Nadja Naira

MARTA, ROSA E JOÃO, de Malu Galli

MATO CHEIO, de Carcaça de Poéticas Negras

YELLOW BASTARD, de Diogo Liberano

SINFONIA SONHO, de Diogo Liberano

SÓ PERCEBO QUE ESTOU CORRENDO QUANDO VEJO QUE ESTOU CAINDO, de Lane Lopes

SAIA, de Marcéli Torquato

DESCULPE O TRANSTORNO, de Jonatan Magella

TUKANKÁTON + O TERCEIRO SINAL, de Otávio Frias Filho

SUELEN NARA IAN, de Luisa Arraes

SÍSIFO, de Gregorio Duvivier e Vinicius Calderoni

HOJE NÃO SAIO DAQUI, de Cia Marginal e Jô Bilac

PARTO PAVILHÃO, de Jhonny Salaberg

A MULHER ARRASTADA, de Diones Camargo

CÉREBRO_CORAÇÃO, de Mariana Lima

O DEBATE, de Guel Arraes e Jorge Furtado

BICHOS DANÇANTES, de Alex Neoral

A ÁRVORE, de Silvia Gomez

CÃO GELADO, de Filipe Isensee

PRA ONDE QUER QUE EU VÁ SERÁ EXÍLIO, de Suzana Velasco

DAS DORES, de Marcos Bassini

VOZES FEMININAS — NÃO EU, PASSOS, CADÊNCIA, de Samuel Beckett

PLAY BECKETT — UMA PANTOMIMA E TRÊS DRAMATÍCULOS (ATO SEM PALAVRAS II | COMÉDIA/PLAY | CATÁSTROFE | IMPROVISO DE OHIO), de Samuel Beckett

MACACOS — MONÓLOGO EM 9 EPISÓDIOS E I ATO, de Clayton Nascimento

A LISTA, de Gustavo Pinheiro

SEM PALAVRAS, de Marcio Abreu

CRUCIAL DOIS UM, de Paulo Scott

MUSEU NACIONAL [TODAS AS VOZES DO FOGO], de Vinicius Calderoni

KING KONG FRAN de Rafaela Azevedo e Pedro Brício

COLEÇÃO DRAMATURGIA ESPANHOLA

A PAZ PERPÉTUA, de Juan Mayorga | Tradução Aderbal Freire-Filho

ATRA BÍLIS, de Laila Ripoll | Tradução Hugo Rodas

CACHORRO MORTO NA LAVANDERIA: OS FORTES, de Angélica Liddell | Tradução Beatriz Sayad

CLIFF (PRECIPÍCIO), de José Alberto Conejero | Tradução Fernando Yamamoto

DENTRO DA TERRA, de Paco Bezerra | Tradução Roberto Alvim

MÜNCHAUSEN, de Lucía Vilanova | Tradução Pedro Brício

NN12, de Gracia Morales | Tradução Gilberto Gawronski

O PRINCÍPIO DE ARQUIMEDES, de Josep Maria Miró i Coromina Tradução Luís Artur Nunes

OS CORPOS PERDIDOS, de José Manuel Mora | Tradução Cibele Forjaz

APRÈS MOI, LE DÉLUGE (DEPOIS DE MIM, O DILÚVIO), de Lluïsa Cunillé | Tradução Marcio Meirelles

COLEÇÃO DRAMATURGIA FRANCESA

É A VIDA, de Mohamed El Khatib | Tradução Gabriel F.

FIZ BEM?, de Pauline Sales | Tradução Pedro Kosovski

ONDE E QUANDO NÓS MORREMOS, de Riad Gahmi | Tradução Grupo Carmin

PULVERIZADOS, de Alexandra Badea | Tradução Marcio Abreu

EU CARREGUEI MEU PAI SOBRE MEUS OMBROS, de Fabrice Melquiot | Tradução Alexandre Dal Farra

HOMENS QUE CAEM, de Marion Aubert | Tradução Renato Forin Jr.

PUNHOS, de Pauline Peyrade | Tradução Grace Passô

QUEIMADURAS, de Hubert Colas | Tradução Jezebel De Carli

COLEÇÃO DRAMATURGIA HOLANDESA

EU NÃO VOU FAZER MEDEIA, de Magne van den Berg | Tradução Jonathan Andrade

RESSACA DE PALAVRAS, de Frank Siera | Tradução Cris Larin

PLANETA TUDO, de Esther Gerritsen | Tradução Ivam Cabral e Rodolfo García Vázquez

NO CANAL À ESQUERDA, de Alex van Warmerdam | Tradução Giovana Soar

A NAÇÃO — UMA PEÇA EM SEIS EPISÓDIOS, de Eric de Vroedt | Tradução Newton Moreno

2024

———————

1ª impressão

Este livro foi composto em Calluna.
Impresso pela Imos Gráfica e Editora,
sobre papel Pólen Natural 80g/m².